Aprende a vivir con optimismo

Grupo ROBIN BOOK

Barcelona - México
Buenos Aires

Aprende a vivir con optimismo

Catherine Douglas

Traducción de Luis García Palacios

Vital

© 2010, Ediciones Robinbook, s. l., Barcelona

Diseño de cubierta e interior: Cifra

ISBN: 978-84-9917-040-4
Depósito legal: B-6.664-2010

Impreso por Egedsa, Rois de Corella 12-16,
08205 Sabadell (Barcelona)

Impreso en España - *Printed in Spain*

Índice

Introducción

Cuando los hábitos negativos dominan tu vida es hora de pasar a la acción. Sólo puedes superarlos teniendo plena confianza en ti y dejándote aconsejar por la sabiduría intuitiva que subyace en tu cuerpo.

El apego a un mal hábito significa perder parte de uno mismo en el engranaje de la vida. Los buenos hábitos, por otra parte, facilitan un porvenir mejor y una positiva relación con los otros.

Este libro está plagado de técnicas inteligentes que potenciarán tu energía positiva y te ayudarán a superar cualquier obstáculo. Recupera el control sobre tu vida y tendrás más salud, más fuerza y mayor confianza en tus posibilidades.

Levanta el ánimo

Desahógate
escribiendo

Derramar nuestras emociones sobre el papel en forma de carta no solo nos libera del odio, sino que además está demostrado que mejora nuestra salud emocional y física. Hoy **no reprimas tus sentimientos**. Si estás enfadado o deprimido, escribe acerca de ello. Si estás molesto con una persona concreta, escríbele una carta pero no la eches al correo, ni la envíes por mail.

Si puedes dejar para mañana algo que te preocupa, hazlo. Las preocupaciones que hoy parecen invencibles, mañana pueden resultar realizables, y lo más probable es que tengas **energía y creatividad** si has dormido bien por la noche.

Si consigues tachar aunque sea una sola cosa
de la lista de objetivos pendientes, o tomas
las medidas oportunas para tratar de
solucionar algo que lleva tiempo
preocupándote, no solo ganarás el respeto de
los demás, sino que conseguirás una
mayor autoestima.

La luna gobierna la fuerza gravitatoria de
las mareas y los fluidos de nuestro cuerpo.
Trata de analizar tus estados de ánimo
y observa si las fases de la luna tienen
alguna relación con tus cambios de humor.
Si la tienen trata de entender tus períodos
de desorientación y melancolía.

El sol tiene la virtud de levantarnos el ánimo. Consigue que olvidemos temporalmente nuestras preocupaciones. Pon un poco de color en tus mejillas y absorbe importantes cantidades de vitaminas. Combinar el sol con un poco de ejercicio también puede mejorar tu estado de ánimo, proporcionándote una sensación de mayor resolución así como de energía.

Reflexiona sobre tus acciones y reacciones más recientes ¿Te sientes orgulloso de todo lo que has dicho y hecho? ¿Te estás aprovechando de alguien porque te resulta fácil o te conviene? ¿Te has atribuido el mérito de algo que no has hecho? Mientras no resuelvas estas cuestiones no podrás disfrutar de una **armonía** interior.

Analiza tus reacciones
de conducta

Hoy trata de hacer algo de ejercicio para **combatir los cambios de humor** y depresión. Aunque al principio no te apetezca comprobarás, poco a poco, que el ejercicio se convierte en un hábito psicológicamente beneficioso.

Los fracasos solo demuestran que somos **personas creativas**, que corremos riesgos y que estamos dispuestos a probar nuevas cosas. Además debemos tener presente que si no fracasamos de vez en cuando en nuestras relaciones, trabajos y quehaceres diarios, no aprenderemos nada ni tampoco progresaremos.

Si estás pensando en tomar una sobredosis de
vitaminas, hierbas medicinales o incluso
trabajos voluntarios, ten presente que el
equilibrio es la clave de la felicidad.
Cualquier cosa en exceso —incluso algo
positivo— puede hacer que te sientas
cansado, irritable y deprimido.

Todos lo excesos
son malos

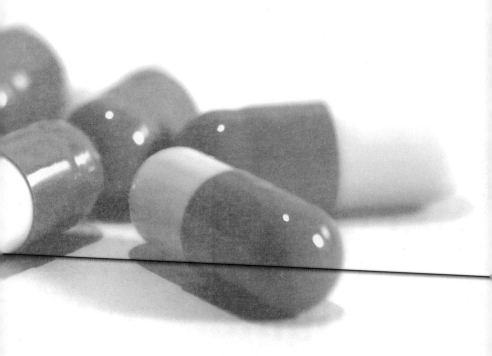

Aunque no te apetezca, haz el esfuerzo de llevar a cabo las actividades que harías en un día normal y corriente. Recoger la ropa de la tintorería, sacar a pasear al perro e ir a trabajar puede parecerte al principio tareas imposibles, pero pronto descubrirás que utilizar **la vida como terapia** puede ser una forma efectiva de combatir la melancolía.

La primera vez que eres consciente de tu sombra, es fácil que te alejes asustado y no quieras aceptar que tu personalidad tiene facetas que no son aceptadas socialmente. Pero poco a poco aprenderás que tu lado menos adorable es parte de ti, y que hasta que no lo aceptes, seguirás encontrándote en situaciones y con personas que te recordarán ese lado oscuro.

El odio debilita el cuerpo, permite que la depresión se afiance y que el sistema inmunológico se vuelva vulnerable. A la larga, guardar rencor a alguien y alimentarlo puede comportar más problemas que afrontar y neutralizar este sentimiento.

Aunque es posible que nunca aceptes estos momentos, al menos, puedes aprender a esperarlos, a vivirlos y luego salir de ellos con alguna revelación valiosa que te ayude a llevar una vida más **equilibrada**, compasiva y alegre.

Si estás deprimido a causa de tu trabajo o profesión, pregúntate si tus expectativas son **realistas**. Todos los empleos tienen sus inconvenientes, así que en lugar de cifrar la felicidad soñando una situación «ideal», quizás sería mejor tratar de adaptarte mejor a lo que ya tienes.

Ningún trabajo
es perfecto

Aunque resulta difícil modificar hábitos profundamente arraigados como la autocrítica, debes hacerlo si quieres llegar a saber qué es la satisfacción. Escucha la conversación que tienes contigo mismo y trata de no pensar negativamente.

Es fundamental disponer de ratos de ocio cada día que impidan pensar en tus problemas. Pasea, haz un poco de deporte, lee… Dispón de un poco de tu tiempo que te garantice no caer en la melancolía.

Interrumpe el círculo vicioso «de voy a hacerlo», y da el primer paso real que acabe con la depresión y motive tu **amor propio**.

Si dedicas tu energía a fortalecer los vínculos que te proporcionan satisfacción, tendrás menos probabilidades de sufrir una depresión, y serás capaz de comprender que «un trozo de pan duro con paz» es mejor que «un sinfín de festines con disputas».

Utiliza hoy la técnica de la visualización para motivar un comportamiento o una situación que te proporcione una **mayor felicidad**. Si eres capaz de crear una imagen mental de cómo te gustaría ser, dispondrás de todas las herramientas necesarias para que tu vida sea mejor.

Si quieres,
puedes

Trata de ver la cosas que te afligen con un poco de perspectiva. ¿Son tus desgracias actuales las más difíciles con las que te has enfrentado? Utiliza los mismos recursos interiores y el apoyo que te ayudó en aquella ocasión, y recuerda que probablemente eres **más fuerte** y resistente de lo que piensas.

Las situaciones adversas te enseñan a descubrir estrellas que quizás antes ignorabas. Intenta no atormentarte con las experiencias injustas y difíciles que la vida puede depararte de vez en cuando, porque pueden ser excelentes oportunidades para **madurar y fortalecerte.**

Utiliza las horas de sueño para recuperar tu **salud mental**. Es probable que al despertar halles la solución a ese problema que no te dejaba descansar.

Las desgracias suelen ser incomprensibles cuando suceden, así que no debes malgastar el tiempo y las fuerzas preguntándote: ¿Por qué yo? En vez de eso, trata de **canalizar tu energía** hacia la búsqueda de soluciones, y deja que el paso del tiempo te revele las inestimables enseñanzas consecuencia de lo que has sufrido.

Olvidar las penas riendo puede ser el **estímulo** físico y emocional que necesitas para superar un período crítico.

La risa como
terapia

Si quieres ser feliz, debes ser realista acerca de las concesiones que comporta hacer realidad alguno de tus sueños. No hay nada malo en fijarse metas comprometidas y tratar de conseguirlas, pero recuerda que ser astuto con las «espinas» que te encuentres hará que las «rosas» sean **agradables.**

¿Tienes miedo a vivir tu propia vida porque estás acostumbrado a hacer lo que los demás esperan de ti? Si la respuesta es «Sí», te sentirás defraudado y deprimido, y no te permitirá **disfrutar** de tu vida.

Si eres consciente de que necesitas ayuda para vencer la depresión apóyate en algún **amigo**. Si sufres en silencio tan solo conseguirás incrementar tu desdicha y postergar la recuperación del control sobre tu vida y salud mental.

Si te das cuenta de que dedicas la mayor parte del día a tus miedos más profundos, cómprate «un diario de preocupaciones» y escribe allí estos temores. Lee y piensa en ellos solo un momento determinado del día. Si eres capaz de no desperdiciar el tiempo con dudas y obsesiones difusas, te sentirás mucho más feliz.

Los conflictos graves —ya sean internos o con otras personas— no son agradables, pero a veces son justo lo que necesitamos para hacer frente a algo y después **seguir adelante**. Si se trata de evitar un problema recuerda que lo único que conseguirás es deprimirte y no resolver nada.

No reprimas
tus sentimientos

Cuando la raíz de nuestra depresión es la injusticia la recuperación suele ser más lenta. No trates de entender tus sentimientos ni de huir de la intensidad de los mismos, porque solo si los experimentas volverás a encontrar la paz y **la felicidad.**

Trata de ver la depresión como una ceremonia de iniciación para conocerte más a ti mismo. Al igual que el aventurero al que nadie acompaña al aeropuerto, ten presente que los viajes cognoscitivos más importantes suelen ser trayectos solitarios de transformación interior, y que la presencia de un compañero tan solo conseguiría debilitar la **trascendencia** de tu viaje.

Si estás deprimido porque sientes que tu cuerpo ha sido un campo de batalla —sexual o emocionalmente— es el momento de recuperarlo como propio. La terapia de grupo y el asesoramiento psicológico pueden ayudarte a redefinir tu cuerpo como una propiedad muy valiosa.

En algún momento de nuestra vida sufrimos alguna desgracia que nos hace experimentar confusión, miedo y tristeza. Cuando esto ocurra recuerda que la terapia, los libros de **autoayuda**, el sentido del humor, el apoyo de la familia y la perspectiva del tiempo pueden ayudarte a sobrellevar estas etapas.

Si examinas atentamente tus sentimientos

descubrirás que los responsables de nuestra

melancolía son los viejos temores y

resentimientos, y si quieres recuperar la

tranquilidad y la alegría debes

ocuparte de ellos.

Dedica parte de tu energía a conseguir que tu vida sexual sea más satisfactoria. Aprende a proporcionar **placer sexual** de forma regular, en vez de esperar a que surja por arte de magia.

Disfruta
del arte

Apreciar las obras de arte no solo te

proporcionará un paréntesis de sosiego en

este mundo ajetreado, sino que además puede

estimular tu
creatividad, ofreciéndote una

nueva forma de expresión.

Prácticamente todo el mundo habla consigo mismo, pero a menudo el tipo de cosas que nos decimos son erróneas. Cuantas más expectativas positivas seas capaz de verbalizar, más fácil será que se conviertan en realidad.

Si estás deprimido porque no consigues solucionar algo que te preocupe, trata de no darte por vencido. Si abrigas la esperanza de que cambiará tu **suerte**, descubrirás que recibes el apoyo que necesitas justo en el momento decisivo.

Utiliza tu experiencia y sabiduría para ayudar a alguien más joven que tú. Enséñale a descubrir las oportunidades que tiene al alcance de sus manos, y hazle ver que sus esfuerzos se verán recompensados con una **madurez** plena y armoniosa.

Ayuda a los más pequeños

Cualquier cosa que te permita ser feliz, vital

y optimista es buena para ti. Si la

medicación te proporciona

equilibrio emocional,

no dejes de tomarla, siempre en su justa

medida.

Ten en cuenta que eliminar personas y situaciones de nuestra vida que no te hagan feliz, puede ser un gran paso **hacia adelante.**

Si piensas que podría serte útil, busca un terapeuta que te ayude a **pensar con claridad**. Y si no, recuerda que la forma de interpretar los acontecimientos es lo que te lleva a la depresión, y no el acontecimiento en sí. Un terapeuta puede ayudarte a procesar cualquier suceso que te afecte

Busca la ayuda
de un terapeuta

En lugar de compararte desfavorablemente con aquellas personas que no se encuentran en la misma situación que tú, es aconsejable buscar grupos de apoyo y profesionales que sean capaces de **alentarte** y recordarte que ser diferente no significa ser inferior.

Si estás tratando de vencer una depresión,

pregúntate si tus sentimientos tienen que ver

con tu baja autoestima. Tienes que aprender

a **amarte** a ti mismo,

independientemente de cómo te traten los

demás.

Si estás deprimido a causa de tus dudas,
bebe el elixir del coraje. Si eres capaz de
mostrarte seguro, no solo te sentirás más
fuerte, sino que además es posible que el
camino que elijas te proporcione felicidad y
satisfacción.

No debes avergonzarte de querer que los demás valoren tus **esfuerzos**, de esta forma conseguirás lo que te propones.

El hecho de alcanzar tus metas puede convertirte en el blanco de la ira, la envidia y el rencor de los demás. En vez de deprimirte por ello, opta por seguir adelante y rodéate solo de aquellas personas que quieren lo mejor para ti.

No te limites a quejarte en la oscuridad y enciende una vela. Infórmate sobre qué medidas tomar, habla con un profesional o simplemente reconoce que ha llegado el momento de cambiar tu actitud negativa.

Trata de aceptar las fases de transición de tu vida, aunque al principio te invada la melancolía. Debemos superar el dolor por los cambios de nuestro cuerpo y nuestra vida si queremos acometer con éxito los retos futuros.

Atrévete
a crecer

Busca una causa benéfica y trata de contribuir con algo de dinero. Esta **acción generosa** te hará mejorar tu bienestar mental y el de los demás.

Si aprendes el refinado arte de transformar

los tifones en ligeras brisas conseguirás que

los desafíos no te perjudiquen.

Aprovecha hoy cualquier oportunidad para **desahogar tus penas**.

Grita, llora, arroja cosas… No reprimas tus lágrimas.

No te reprimas

Exprésate
con libertad

Aunque trates de ser comprensivo cuando alguien intenta animarte con frases que no te ayudan, explícales que prefieres oír un **diálogo más útil y efectivo** que una respuesta tópica.

Opta hoy por el **amor**, y no por la ira o el odio. Ten en cuenta que tu comportamiento no solo te afecta a ti, sino también a los demás.

Hasta que no destruyas el origen de tu depresión, ésta seguirá regresando para atormentar tu mente y tu cuerpo en el **futuro.**

Vence
tus miedos

Oblígate a relacionarte con la gente, preferiblemente con un amigo o amiga. No solo conseguirás olvidarte de ti mismo durante un rato, sino que además descubrirás que el **estímulo** que comporta estar con otras personas puede ser un antídoto estupendo contra la melancolía.

Derramar los sentimientos sobre una hoja de papel en blanco es una de las formas más antiguas de fortalecer y conservar la **salud emocional**, y además lo puedes hacer en cualquier momento y en cualquier situación.

Si las tradiciones festivas o los compromisos sociales constituyen un problema para ti, quédate en casa. Recuerda que el camino más acertado siempre es aquel que te ayuda a **sentirte cómodo** y a gusto.

Haz hoy un examen sincero y pregúntate en qué inviertes tu tiempo y tu dinero, y qué tanto por ciento dedicas a tus cometidos provechosos. Si descubres que empleas la mayor parte de tu energía en ascender de forma nociva y superficial, trata de replantearte tus prioridades con el fin de invertir más tiempo en obras espirituales y caritativas.

La felicidad depende de ti mismo

Una forma eficaz de combatir la depresión consiste en incorporar el **contacto físico** en tu vida. Puedes extender la mano para tocar a alguien o pedir a tus amigos y familiares que te abracen. Todo ello estimulará tus emociones.

Si la vida te parece agobiante y te sientes viejo, dedica cierto tiempo a relajarte y **respirar hondo**. No solo mejorará tu salud mental, sino que además no se reflejarán en tu rostro las preocupaciones.

Trata de pensar en el presente e interrumpe tus divagaciones mentales si éstas empiezan a rebasar los límites. Tu supervivencia emocional depende de ver el mundo con optimismo día a día.

Aprende habilidades positivas de aquellos a los que admiras, pero conserva también tu talento y tus **atributos** únicos, especialmente cuando un estado negativo te incite a creer que no tienes ninguno.

Hay **situaciones** que pueden engendrar sentimientos de odio y menosprecio. Hasta que no seas capaz de desterrarlos el único que sufrirá eres tú.

Aleja el odio
de tu vida

Existen muchas formas de vencer la depresión. Una persona puede encontrar consuelo en el ejercicio y la terapia, mientras que otro puede mejorar gracias a los antidepresivos y a una dieta determinada.

Trata de encontrar el tiempo necesario para quedar con tus amigos, porque éstos te ayudarán a superar los momentos difíciles y a revivir algunos placeres de antaño.

Es normal que te sientas agobiado y desanimado si te ha ocurrido algún percance. Pero si alargas la mano para pedir ayuda y pones todo tu esfuerzo para hacer frente a este problema, descubrirás que **seguir adelante es más fácil** de lo que pensabas.

Con la ayuda adecuada, un poco de amor propio y el poder curativo del paso del tiempo, tu herida emocional puede convertirse en tu máximo bastión. Piensa que una persona sin cicatrices es aquella que todavía no ha descubierto su propia **fortaleza.**

Fomentar los silencios en tu vida te permitirá superar cualquier **desafío** que te hayas propuesto. Será un nexo espiritual entre tú y tus objetivos.

Descubre el
valor del silencio

Trata de aprender a canalizar tu energía hacia la creación de armonía, no de enemistad, y descubrirás que no solo se extinguirá el fuego de la ira, sino que además te resultará más fácil encontrar la **felicidad** en tus relaciones con los demás.

No tengas miedo de tu ira cuando ésta entra en ebullición. La ira no es solo un síntoma de que estás a punto de revelar algunas cuestiones importantes, sino que además, si la liberas como es debido, puede proporcionarte una sensación de felicidad y **bienestar.**

Si estás deprimido o triste busca personas

que sepan valorar tu singularidad y te

acepten tal como eres.

Hay cosas que no puedes cambiar, entre ellas situaciones dolorosas que tuvieron lugar en **tu infancia.** Toma hoy mismo la decisión de cerrar este capítulo de tu vida.

Asegúrate de que hoy dispones de algún tipo de «habitación». Sea un espacio propio, un tiempo para ti o a una actividad en solitario que te permita relajarte y **fortalecerte.**

La depresión puede ser consecuencia de una serie de factores, tanto ambientales como **puramente químicos**. No te juzgues ni te sientas culpable si te sientes deprimido, intenta solo salir de ella.

El renacimiento espiritual pasa por un período doloroso de incertidumbre y confusión, pero para poder **ser libre** y volver a empezar de nuevo primero debe morir una parte de ti.

La pasión controlada resulta edificante y **satisfactoria.** En cambio, la pasión temeraria no logrará saciar tus ansias.

Si tu mente se siente enferma, utiliza el poder de las palabras para sanarla. Anota cualquier cosa agradable que te suceda y **reflexiona** sobre ello. Acaba con la negatividad a la que estabas acostumbrado.

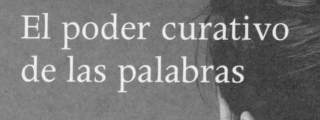

El poder curativo
de las palabras

Coge una hoja de papel y escribe de qué te sientes culpable. Ahora, con el rotulador más grueso y rojo que tengas, tacha lo que hayas escrito. Y recuerda siempre: «Culpa es **una palabra** y un sentimiento que elimino de mi vida».

Es importante que te apoyes emocionalmente aceptando y **confiando** en que tu estilo te va a solventar los problemas; sé consciente de que ninguno es mejor que los demás.

Incluye en tu día a día una pauta para cuidarte. Haz una lista de distintas cosas con las que te gustaría **mimarte** y luego, poco a poco, empieza a cuidarte. ¡Te sentirás mejor!

Siéntate, con tranquilidad, y cierra los ojos,

agradece a tu cuerpo su sabiduría.

Cuida tu cuerpo, especialmente las zonas en

las que sientas alguna molestia.

Al suavizar a tu parte perfeccionista tejes

una red de seguridad sin los peligrosos

agujeros de las demandas imposibles.

Relájate y disfruta con las

pequeñas imperfecciones de la vida.

Es esencial que nuestras voces internas también sean positivas, que te hables apoyándote y animándote. Es imprescindible que nuestra **voz interna** nos aliente para mantener nuestro espíritu a flote.

Aunque no siempre puedes cambiar las circunstancias, siempre puedes variar el modo en que las percibes. Al transformar tu actitud crítica y juzgadora por la aceptación y **comprensión**, afianzarás tu estabilidad personal.

Ponte en el lugar
del prójimo

Tienes derecho a vivir —y trabajar— en un entorno seguro; por ello, tienes que enseñar a la gente a tratarte, estableciendo y manteniendo unos límites **realistas** y respetuosos.

Hazte un regalo: encara tus miedos,

aprovéchalos para conocerte más y anímate a

arriesgarte a pesar de ellos.

Da media vuelta
si te conviene

Tienes el deber de ayudarte haciendo caso a la señales internas. Ellas te avisan de cuando es preferible alejarte de determinadas **personas y circunstancias.**

Si edificas un puente con los pequeños logros puedes alcanzar la playa de tus aspiraciones.

Da pequeños pasos hacia tus objetivos.

La vida es una sucesión de subidas y bajadas,

y tienes la responsabilidad de aliviarte y

protegerte a lo largo de ese inevitable

proceso. Tienes lo necesario para

alcanzar la cima de la

consciencia en vez de quedarte en un abismo.

Para vivir tu «Sí» necesitas conocer y

aceptar tu miedo, y compartirlo

honradamente con personas que te acepten

y animen **calurosamente.**

Vive tu «Sí»

Aunque es difícil romper el hábito de correr

ciegamente hacia tus metas, puedes hacerlo.

Con consciencia y **voluntad**,

puedes aprender a saborear todas las

delicadezas que la vida te ofrece.

Tienes que tener la **valentía** de hacer caso a tu corazón. Retira de tu mente las frases del tipo «él quiere», «ellos quieren», «ellos esperan», para encontrar otras como «yo soy», «yo necesito» y «yo puedo».

Si tienes un sueño que languidece en las nieblas de «Algún día», examina las razones que te impiden realizar tus sueños de inmediato.

Si los sentimientos desconcertantes te encogen el estómago, pregúntate de quién proceden realmente esas **emociones.** Probablemente te encontrarás de cara con un viejo temor. Acéptate y tranquilízate.

No es lo mismo mirar el mundo con unos lentes de cristal **color de rosa** que con unos lentes oscuros. La forma en que actúas tiene mucho que ver con los lentes que cada uno utiliza para mirar a su alrededor y a sí mismo.

Mira el mundo
con buenos ojos

Sigue adelante

Cuida tu salud

Las personas más irritables tienen mayor propensión a padecer problemas cardiacos y otras dolencias. No dejes que una percepción negativa te produzca a medio y largo plazo problemas en tu salud y tu calidad de vida. Si deseas mejorar tu salud, **vivir más años**, acostúmbrate a pensar en positivo.

No importa si algunas personas que te

rodean saben que te están

influyendo negativamente, lo

único que importa es que lo pueden hacer si

tú no aprendes a evitarlo.

Tu actitud ante las cosas no es ni verdad ni mentira, sino una **forma personal** de entender una determinada situación.

Si estás sumido en planteamientos negativos

en tu entorno laboral, acentúas tu

aislamiento y tu falta de popularidad entre

tus compañeros.

No permitas que se te cuele en tu mente ni

un solo pensamiento negativo. Es tu primer

reto. Tu «gimnasia mental»

de cada día: el pensamiento opuesto.

Muchas veces tus pensamientos negativos
los trasladas a los seres más queridos, y «los
educas en la negatividad». Evita que estos
pensamientos te afecten a ti y a tu
familia.

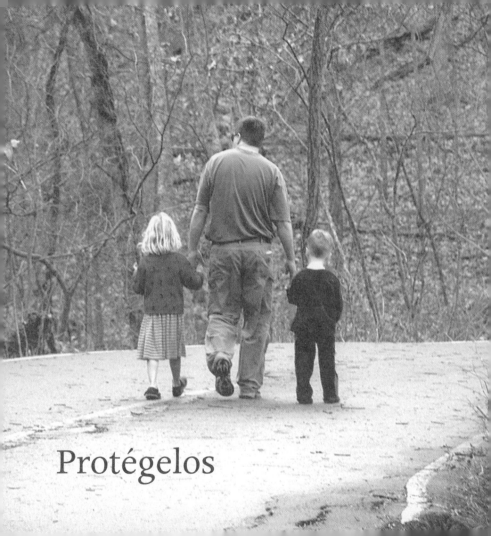

Protégelos

Cuanta más generosidad y tolerancia practiques, más capacidad intelectual tendrá tu **cerebro**. Criticar es un factor que te perjudica psíquica y físicamente.

Trata de sonreír. Te sentirás un poco mejor. Hazlo **de forma sincera**, como un gesto. Un gesto de cortesía hacia los demás y hacia ti.

Aprende a perdonar la mezquindad. En realidad son carencias, manifestaciones de una persona que te duelen, pero que quizás deberías **compadecer**, más que reprochar.

Es muy importante dedicar cada semana

algún tiempo para ti. Aprovecha para

reflexionar y
fortalecer tus ideas.

Cada fracaso supone un capítulo más en la historia de tu vida y una lección que te ayuda a crecer. No te dejes desanimar por los fracasos. Aprende de ellos, y sigue adelante.

Prueba a cultivar tu energía mental y

observarás que tu mente se hace cada vez

más fuerte y equilibrada, más despierta e

inteligente.

Los objetivos por sí solos no tienen sentido

sino se pasa a la acción para hacerlos

realidad. Simplemente ponte a

ejecutarlos sin vacilar.

Pasa a
la acción

Comunica tus pensamientos y tus deseos de forma sincera. Anima a los demás a que te comuniquen sus **sueños**. Practica el entendimiento y la motivación con los que te rodean.

Haz una lista con tus **puntos fuertes** y tus puntos débiles.
Aprenderás cosas de ti mismo que quizás te sorprenderán.

Cuando crees en ti mismo, eres libre para verte bajo una luz objetiva y dedicar tu día a día a mejorar y alcanzar tu potencial. Tu imagen positiva es el pasaporte para el éxito en la vida.

Busca oportunidades por todas partes.

Entienden que son el resultado de una

actitud correcta y positiva. La oportunidad existe si tú

sabes encontrarla.

Aprende a resistir y doblarte sin romperte.

Como sucede con el junco, que se inclina

ante la **fuerza del viento**,

pero después vuelve a su posición inicial.

Si eres una persona positiva, tienes tu mente puesta en buscar soluciones, y ves una **solución** ante cada problema y una posibilidad en cada imposibilidad.

Escucha tu voz interior

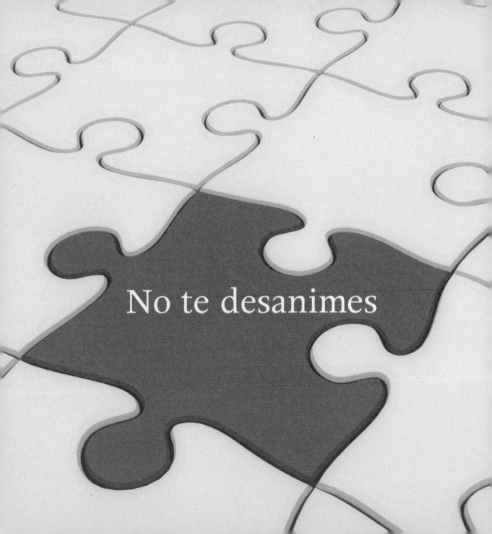

No permitas que el desaliento te ponga la mano encima. Los desafíos solo se estimulan con un **mayor esfuerzo.**

Si algo te salió mal o te sientes un poco depresivo, lo mejor que puedes hacer es relajarte y concentrarte en la **respiración**. Se ha comprobado que los métodos de relajación ayudan a deshacerse de los pensamientos negativos.

Trata de evitar las conductas contradictorias, **sé disciplinado**. No quieras que te invada un profundo sentimiento de fracaso existencial.

Acepta los hechos que son irremediables sin ningún tipo de frustración o enojo desmedido. Una reacción **emotiva** descontrolada o negativa para afrontar un momento duro en tu vida es una clara muestra de debilidad. La serenidad y el autocontrol son las mejores armas para enfrentar con éxito lo que te toca vivir.

Si piensas continuamente en lo que debes o puedes hacer en el futuro te pierdes de vivir el **presente**. Lo mejor es centrar todos tus sentidos en el aquí y ahora, sin dejar de lado los sueños y los proyectos.

El cuidado personal

te hará sentir más renovado y te ayudará a

romper el círculo cerrado del pesimismo.

Evita encerrarte en casa, esto te obligará

a modificar tu aspecto.

Cuida tu aspecto

Creerte el centro del universo sólo

alimentará tus obsesiones. Poco a poco,

céntrate también en **los demás**.

Los problemas de los otros pueden hacerte

tomar conciencia de que no todo lo que te

pasa es tan grave.

La sana aceptación no significa aceptar el fatalismo, sino la serena comprensión de que resistirse a las circunstancias sobre las que no tienes **control** solo causa más aflicción.

Piensa que tanto la adversidad como los «golpes de buena fortuna» son factores ajenos a ti y que escapan a tu control. Para alcanzar el éxito es preferible centrarte en valores como la **tenacidad**, el entusiasmo, el esfuerzo y la dedicación.

Si estás obsesionado porque te ha ocurrido

algo desagradable que no esperabas, tómate

todo el tiempo que necesites

para analizar las posibles consecuencias de

esa circunstancia.

Opta por el amor, no por la ira o por el odio.

Ten presente que tu comportamiento no

sólo te afecta a ti, sino a otros muchos. Es

posible que algun día consideres importante

que tus actos y actitudes hayan sido ante

todo **amorosos.**

Una excelente forma de evitar el miedo

excesivo es romper su secreto: sácalo a la luz.

El miedo te hace agazaparte en la oscuridad,

pero empieza a transformarse cuando se

expone a la luz de la **conciencia** y

la aceptación.

Haz el favor de recuperar tu niño natural e interior, búscalo bien porque esta ahí, dentro de ti. Te aportará **alegría** y espontaneidad.

Recupera
tu infancia

Protégete de ella e intenta reemplazarla por otra **voz crítica interior** más alentadora y cariñosa.

Cómprate una agenda y **apunta cada mañana un pensamiento agradable** y de afirmación. Comprométete a cumplirlo cada día.

La buena disponibilidad mejora las **relaciones**, pero la abnegación y la excesiva acomodación las destruye.

Debes detener el ciclo por el que confundes

el sacrificio con el servicio. Tienes que estar

convencido de que merecemos crear

relaciones que apoyen tu

personalidad y tus sueños.

Recupera tus
sueños
de infancia

Tus sueños y fantasías infantiles son minas de oro que encierran posibilidades que no puedes negar. Debes aceptarlos para tener **más energía** y poder soñar con futuras metas.

Si tienes la tendencia de juzgarte constantemente, creas un estado de estrés y desazón permanentes. Busca en tu interior unos consejeros más alentadores y **comprensivos.**

Para sostenerte emocionalmente debes

cuestionarte sobre si tu vida y relaciones te

apoyan, te dan suficiente amor y

atención para salir adelante.

En lugar de desafiar a alguien, trata de eliminar la acusación y **juega limpio**. Solo la cooperación te conduce a unas relaciones satisfactorias.

Busca las
buenas relaciones

Una manera de aprender el arte de vivir con amabilidad es mantener la palabra «amable» o «amablemente» en tu conciencia. En la **vida cotidiana** este concepto nos viene pocas veces a la cabeza.

Cuando tus pensamientos están

obsesivamente centrados en la llama del

dolor emocional, debes reconducirlos hacia

una imagen relajante o una afirmación que

favorezca tu paz mental.

Si has sido devoto de la perfección te resultará difícil aceptar tus imperfecciones. Pero no sólo puedes aprender de ellas, sino que, si son inofensivas, puedes considerarlas partes deseables de tu **peculiaridad.**

Haz una lista de las cosas que te gustaría hacer para ti y que nunca has hecho para no considerarte egoísta. Si crees que serás más feliz cumpliéndolas, **adelante**. Tu vida y tus relaciones se beneficiarán con una inyección de egoísmo.

Para incentivar tu autenticidad debes ser

consciente de tus verdaderos sentimientos y

ser consecuente con ellos, aceptarlos,

escuchar tu voz interior y ser

sincero contigo mismo.

Otros títulos de **Vital**

Mensajes con amor. Susan Jeffers

Este libro nos ofrece una colección de afirmaciones positivas para la práctica diaria que nos permitirán eliminar miedos y temores y afrontar cualquier situación con serenidad. A través de ellas podemos reeducar nuestra mente, eliminar de ella toda la negatividad que nos mantiene prisioneros y nos impide liberar nuestro potencial para crearnos a nosotros mismos y vivir la vida que deseamos y merecemos.

Pídeselo al Universo. Bärbel Mohr

Un manual para aprender a interpretar las señales que nos envía el Universo. Cada vez hay más personas que perciben con toda claridad la voz de su intuición. Para poder escuchar la voz interior resulta suficiente con un poco de entrenamiento, recostarse unos minutos, respirar adecuadamente y percibir el propio ser y el contacto con el Universo. Porque si uno es feliz, puede tenerlo todo y no necesitar nada.

Felicidad es... Margaret Hay

Sumérgete en las pequeñas páginas de este libro, en él encontrarás reflexiones que te acogerán, tranquilizantes. Tómate tu tiempo. Coge el libro, cierra los ojos, respira y ábrelo al azar por cualquier parte, vuelve a abrir los ojos, lee con atención y tómalo como punto de partida. Te ayudará en tus decisiones. Muchos buscan la felicidad sin saber que ésta se construye día a día, minuto a minuto, disfrutando de todo lo que se nos presenta en cada instante.

Otros títulos de **Vital**

Disfruta el momento. Raphael Cushnir

Sucede, muchas veces, que ante situaciones difíciles, nos encerramos en nuestro propio caparazón y nos blindamos al exterior. En ese momento perdemos buena parte de la energía que nos permite crecer y madurar como seres humanos. Para evitar estas situaciones este libro nos enseña de qué modo volver a disfrutar de la vida y del entorno que nos ha tocado vivir.

Vivir de otra manera es posible. Regina Carstensen

Cómo podemos simplificar nuestra vida y hacer que nos sintamos más libres? Gracias a las innumerables propuestas de este libro, que ha sido un gran éxito de ventas en Alemania, aprenderemos a decir *no*, a liberarnos de los sentimientos de culpa y a encontrar el equilibrio en nuestra rutina laboral, consiguiendo así encontrar el tiempo necesario para disfrutar de la alegría de vivir.

Sentirse bien. Wayne W. Lewis

El autor de este libro nos propone un fascinante acercamiento a lo más recóndito de nuestra mente, de nuestro cuerpo y de nuestro espíritu con el fin de sacar a la luz toda aquella energía inconsciente que se esconde tras nuestros actos.

Otros títulos de **Vital**

Mejora tu salud emocional. Robert Cameron

Este libro trata ante todo de ti. Está centrado en tus emociones, en tu aptitud individual para crear una fuerte autovaloración para aumentar gradualmente tu autoestima. A través de las afirmaciones que te propone, puedes aprender a expresar sentimientos, a disfrutar de tu propia compañía y a actuar espontáneamente. Una guía muy práctica diseñada como un viaje en el que podrás abordar los momentos en que has modelado tu personalidad, tu representación de la realidad y la forma en que ésta se proyecta hacia los demás.

Si quieres, puedes. Daniel y Patricia Day

Los autores han conseguido con esta obra que miles de personas vuelvan a confiar en sí mismas. Los autores nos proponen numerosos ejercicios de meditación, afirmaciones y consejos que te ayudarán a confiar en tu sabiduría intuitiva y también a mejorar emocional y espiritualmente para conseguir una vida más intensa y sobre todo, feliz.